Las reglas de nuestra familia

Ciudadanía digital

Seth Matthas

COMPUTACIÓN CIENTÍFICA EN EL MUNDO REAL™

Rosen Classroom™

Esta es mi familia.

Tenemos reglas.

Debemos compartir lo que tenemos. Como mi portátil.

Hemos de ser amables con los demás. Cuando estemos en línea, igual.

Debemos compartir lo que tenemos. Comparto mi tableta.

Hemos de mantenernos seguros. Nunca hablaremos con extraños en línea.

Debemos cuidar nuestra tableta.
¡Puede romperse!

Palabras que debes aprender

(el) portátil

(la) tableta